ISSÉ,

PASTORALE HEROIQUE,

REPRESENTÉE POUR LA PREMIERE FOIS

DEVANT SA MAJESTÉ

à Trianon, le 17 de Decembre 1697.

PAR L'ACADÉMIE ROYALE DE MUSIQUE,

Remise au Théatre pour la seconde fois, augmentée de deux Actes le Dimanche quatorziéme jour d'Octobre 1708, & pour la troisiéme fois le Jeudy 7 Septembre 1719.

Ut Pastor Macareïda luserit Iffen. *Ex. Met. Lib. 6.*
Comme Apollon en Berger trompa Iffé. Liv. 6. des Met.

Le prix est de trente sols.

A PARIS,

Chez la Veuve de P. R I B O U, seul Libraire de l'Académie Royale de Musique, Quai des Augustins, à la quatriéme Boutique en descendant du Pont-Neuf, à l'Image S. Loüis.

M D C C X I X.

Avec Approbation & Privilege du Roi.

ACTEURS & ACTRICES CHANTANS

dans tous les Chœurs du Prologue & du Balet.

COSTÉ DU ROI.	COSTÉ DE LA REINE.
Messieurs	**Messieurs**
Alexandre.	Corbie.
Morand.	Lemire-L.
Buzeau.	Fossier.
Deshais.	Thomas.
Corail.	Dautrep.
Lebel.	Gougeon.
Duplessis.	Duchesne.
	Arteau.
Mesdemoiselles	**Mesdemoiselles**
Constance.	Limbourg.
Tulou.	Millon.
Veron.	La Roche.
La Garde.	Tettelette.
Souris.	Rousseau.
Fleury.	Person.
Rubantel.	

ACTEURS CHANTANS
DU PROLOGUE

UNE HESPERIDE, Mademoiselle Lagarde.
Chœur & Troupe d'Hesperides.
HERCULE,
JUPITER,
Troupe de Peuples.

Monsieur le Myre.
Monsieur Dubourg.

ACTEURS DANSANS
DU PROLOGUE

HESPERIDES.

Mesdemoiselles Menés, Dupré, la Ferriere,
Brunel, Duval, Corail.

PEUPLES.

Monsieur Laval, Mademoiselle la Ferriere.
Messieurs Dumoulin-L., Dupré, Dangeville,
Guyot, Maltaire.

PROLOGUE.

Le Theatre represente le Jardin des Hesperides ; les Ar-
bres sont chargez de Fruits d'or, & l'on découvre
dans le fonds l'entrée de ce Jardin défenduë par un
Dragon qui vomit incessamment des flâmes.

SCENE PREMIERE.

LES HESPERIDES.

LA PREMIERE HESPERIDE.

Nous joüissons ici d'une douceur profonde,
L'abondance en ces lieux regne de
toutes parts ;
Nos Bois & nos Vergers offrent à nos
regards
Les seuls biens qu'adore le Monde.

Leurs Fruits font enviez du refte des Humains ;
Mais nous ne craignons rien du defir qui les preffe ;
    Et ce Dragon veille fans ceffe ,
Pour fauver nos Trefors de leurs prophanes mains.
Que de nos plus doux chants ces Jardins retentiffent ;
Celebrons l'heureux fort qui comble nos defirs.
    Pour goûter de nouveaux plaifirs ,
Chantons ceux dont nos cœurs joüiffent.

C H OE U R.

Que de nos plus doux chants ces Jardins retentiffent ;
Celebrons l'heureux fort qui comble nos defirs.
    Pour goûter de nouveaux plaifirs ,
Chantons ceux dont nos cœurs joüiffent.

Les Hefperides forment la premiere Entrée.

LA PREMIERE HESPERIDE.

    De ce féjour
    Nous chaffons l'Amour ;
    Notre paix eft certaine :
    De ce féjour
    Nous chaffons l'Amour ,
    On n'y craint point fa chaîne ;
    Les Jeux viennent tous
    S'y raffembler pour nous ;
Nous y goûtons un fort plein d'appas.
    Il n'eft point de peine
    Où l'Amour n'eft pas.

SCENE II.

SCENE II.

HERCULE, LES HESPERIDES.

Un bruit de Guerre interrompt les Jeux des Hesperides, & l'on découvre Hercule qui approche du Monstre.

LA PREMIERE HESPERIDE.

Quel sons ! quel bruit soudain ! Ciel ! quel Audacieux
Vient chercher la mort en ces lieux ?

HERCULE combat le Monstre.

Monstre, servez notre colere ;
Tombe notre ennemi sous vos coups redoublez ;
Hâtez-vous, hâtez-vous, frapez, percez, brûlez,
Immolez-nous ce temeraire.

CHOEUR DES HESPERIDES.

Dieux ! quel malheur ! le Monstre perd la vie.
Notre ennemi triomphe, évitons sa furie.

HERCULE.

Craignez-vous que mon bras vienne vous asservir,
Et faire de vos Fruits un injuste pillage ?
Non, je ne viens point les ravir,
Mais je veux que le monde avec vous les partage.

Aprés avoir signalé tant de fois
Et ma Justice & ma Puissance,
Je ne pouvois pas mieux couronner mes Exploits
Qu'en donnant aux Mortels la Paix & l'Abondance.

Mais quel éclat frape mes yeux ?
C'est Jupiter qui descend en ces lieux.

Jupiter descend des Cieux.

S C E N E   I I I.

JUPITER, HERCULE, LES HESPERIDES.

J U P I T E R.

Que ton bras se repose ainsi que mon Tonnerre,
    Mon Fils, termine tes travaux,
    Joüi toi-même du repos,
    Que ta valeur donne à la Terre.
    Venez Peuples, accourez tous,
Joüissez de la Paix, celebrez sa victoire,
    Les fruits en sont pour vous :
    Il n'en veut que la gloire.

SCENE IV.

JUPITER, HERCULE, LES HESPERIDES,
Troupe de Peuples.

CHOEUR de Peuples.

ALlons , allons , accourons tous ,
Joüiſſons de la Paix , celebrons ſa victoire .
Les fruits en ſont pour nous ;
Il n'en veut que la gloire.

UNE FEMME de la Troupe des Peuples.

Que ces lieux ſont d'heureux aziles ,
Les Amours nous y ſuivent tous.
Les plaiſirs , pour être faciles ,
N'en ont pas des charmes moins doux.

UNE AUTRE FEMME de la Troupe des Peuples.

Beaux lieux , brillez d'une beauté nouvelle ,
Que les Ris & les Jeux augmentent vos attraits.
Amour , viens y regner , viens t'y joindre à la Paix ,
L'Abondance en ces lieux t'appelle.

CHOEUR.

Charmants Haut-bois , douces Muſettes ,
Celebrez le repos qu'on rend à nos deſirs.

Battez Tambours , ſonnez Trompettes ,
N'annoncez plus la Guerre , annoncez les Plaiſirs.

JUPITER à *Mercure*.

Alcide, ce grand jour marqué par ta victoire
Assûre à l'Univers le sort le plus charmant.
　　Plus d'un heureux évenement
En doit à l'avenir consacrer la memoire.
　　Quand, par un effort genereux,
Ton bras vient aux Mortels rendre une paix profonde,
L'Hymenée & l'Amour joignent des plus beaux
　　noeuds
　　Deux cœurs formez pour le bonheur du monde:
De cette auguste Fête, Apollon, prend le soin,
Viens, avec tous les Dieux, en être le témoin.

Fin du Prologue.

ACTEURS
CHANTANS
DE LA PASTORALE.

APOLLON, *deguisé en Berger, sous le nom de Philemon,* Monsieur Cochereau.

PAN, *deguisé en Berger, confident d'Apollon,* M. le Myre.

HILAS, *Berger,* Monsieur Thevenard.

Suite d'Hilas representant des Plaisirs.

ISSE', *Nymphe, fille de Macarée,* Mademoiselle Journet.

DORIS, *sœur d'Issé,* Mademoiselle Antier.

Troupe de Bergers, de Bergeres, de Pastres & de Paysannes.

UN BERGER, Monsieur Murayre.

LE GRAND-PRESTRE *de la Forêt de Dadone,* Monsieur Dubourg.

Troupe de Ministres.

L'ORACLE, Monsieur Mantienne.

Troupe de Faunes, de Driades, de Sylvains & de Satyres.

UNE DRIADE, Mademoiselle Antier.

LE SOMMEIL, Monsieur Murayre.

Troupe de Zephirs.

Troupe d'Européens & d'Européennes.

UNE EUROPÉENNE,   Mademoiselle Tulou.

Troupe de Chinois & de Chinoises.

UNE BERGERE,   Mademoiselle Antier.

ACTEURS DANSANS

DE LA PASTORALE.

ACTE PREMIER.

PLAISIRS.

Mademoiselle Guyot.

Messieurs Dangeville, Laval, Maltaire, Guyot.

Mesdemoiselles la Ferriere, Châteauvieux, Brunel, Delastre.

ACTE SECOND.

BERGERS & BERGERES.

Mademoiselle Prevost.

Messieurs Dumoulin-L., Dupré, Guyot, Maltaire.

Mesdemoiselles Lemaire, Leroy, Corail, Lizard.

PASTRES.

Messieurs Dangeville, Laval.

Mesdemoiselles Châteauvieux, Brunel.

Messieurs F. Dumoulin, P. Dumoulin.

ACTE TROISIE'ME.

FAUNES & DRIADES.

Mademoiselle Prevost.

Messieurs Dupré, Pierret, P. Dumoulin, Dangeville.

Mesdemoiselles Dupré, Duval, Lemaire, Coaril.

ACTE QUATRIE'ME.

ZEPHIRS.

Messieurs Dumoulin-L., Dupré, P-Dumoulin,
Dangeville, Maltaire, Guyot.

NYMPHES.

Mesdemoiselles Châteauvieux, Brunel, Dupré, Duval,
Lemaire, Leroy.
Monsieur Marcel, Mademoiselle Menés.

ACTE CINQUIE'ME.

EUROPE'ENS.

Monsieur Blondy.
Messieurs Marcel-L., Dupré.

Mesdemoiselles Lemaire, Leroy, Lizard.

AMERIQUAINS

Monsieur D-Dumoulin.

Messieurs Ferrand, Pierret, Guyot, Maltaire.

CHINOIS

Monsieur F-Dumoulin.

Messieurs P-Dumoulin, Dangeville, Laval.
Mesdemoiselles la Ferriere, Brunel, Delastre.

ISSE'.

ISSÉ
PASTORALE HEROIQUE.

ACTE PREMIER.
Le Theatre represente un Hameau.

SCENE PREMIERE.

PHILEMON *ou bien* APOLLON *sous le nom de Philemon.*

Uand on a souffert une fois
L'amoureux esclavage,
Ah! devroit-on s'exposer davantage
A gémir sous les mêmes Loix?

La cruelle Daphné dedaigna ma tendresse;
De mes ardents soupirs, de mes soins empressez
Mon cœur ne recüeillit qu'une affreuse tristesse:
Faut-il aimer encor? & n'est-ce pas assez
    D'une malheureuse foiblesse?

    Quand on a souffert une fois
    L'amoureux esclavage;
    Ah! devroit-on s'exposer davantage
    A gémir sous les mêmes Loix?

A

SCENE II.

APOLLON, PAN.

PAN.

A Qui vous plaignez-vous de vos nouvelles
chaînes ?

APOLLON.

Pan, tu vois les témoins de mes tendres tourments.

Les Prez, les Bois & les Fontaines
Sont les favoris des Amants ;

On paſſe ici d'heureux moments,
Même en s'y plaignant de ſes peines.

Les Prez, les Bois & les Fontaines
Sont les favoris des Amants.

PAN.

Ne feront-ils témoins que de votre martyre ;
Entendront-ils toujours vos languiſſants regrets ?
Apollon n'aura-t'il jamais
De plus doux ſecrets à leur dire ?

APOLLON.

J'espere d'être plus heureux ;
Mon malheur n'est pas invincible.
Les yeux charmants d'Islé m'ont demandé mes vœux.
Ah ! ne serai-je pas le plus content des Dieux,
Si son cœur sensible
Est d'accord avec ses yeux ?

PAN.

Pourquoi lui déguiser votre rang glorieux ?

APOLLON.

Je veux, sans le secours de ma grandeur suprême,
Essayer de plaire en ce jour :
Qu'il est doux d'avoir ce qu'on aime
Par les seules mains de l'Amour !

Mais, je voi la Nymphe paroître.
Il faut contraindre encor mes tendres mouvements,
Cachons-nous à ses yeux, & tâchons de connoître
Quels sont ses secrets sentiments.

SCENE III.

I S S E.

Heureuse Paix, tranquille Indifference,
Faut-il que pour jamais vous fortiez de mon
   cœur ?
Je fens que ma fierté me laiffe fans défenfe ;
Rien ne peut me fauver d'un trop charmant Vain-
   queur ;
L'Amour, le tendre Amour force ma refiftance.

   Heureufe Paix tranquille Indifference,
Faut-il que pour jamais vous fortiez de mon cœur?
      Je force encor mes regards au filence ;
Je cache à tous les yeux ma nouvelle langueur ;
      Mais que fert cette violence ?
      L'Amour en a plus de rigueur,
      Et n'en a pas moins de puiffance.

   Heureufe Paix, tranquille Indifference,
Faut-il que pour jamais vous fortiez de mon cœur ?

SCENE IV.

ISSE', DORIS.

DORIS.

J'Aime à vous voir en ce lieu solitaire,
Il offre mille attraits à des cœurs amoureux;
Vous y venez rêver; c'est un presage heureux,
     Qu'enfin Hilas a sçû vous plaire.

Votre cœur dès longtems se devoit à ses feux.
On n'a jamais brûlé d'une ardeur plus fidelle;
     Bientôt par d'agréables Jeux
Il vous en donne encore une preuve nouvelle.

ISSE'.

Helas!

DORIS.

     Avant cet heureux jour
Votre insensible cœur ignoroit ce langage,
     Et ce soupir est le premier hommage
     Que je vous voi rendre à l'Amour.

ISSE'.

Que ne puis-je encor fuïr son funeste esclavage!

Mes jours couloient dans les plaisirs,
Je goûtois à la fois la paix & l'innocence,
Et mon cœur satisfait de son indifference,
Vivoit sans crainte & sans desirs :
Mais depuis que l'Amour l'a rendu trop sensible
Les plaisirs l'ont abandonné.
Quel changement ! ô Ciel ! est-il possible ?
Non, ce n'est plus ce cœur si content, si paisible ;
C'est un cœur tout nouveau que l'Amour m'a donné.

D O R I S.

Se peut-il que votre cœur tremble,
Quand il ne tient qu'à lui d'être heureux dès ce jour ?
Il faut qu'avec Hilas un beau nœud vous assemble,
L'Hymen, pour vous unir n'attendoit que l'Amour.
Quand un doux penchant nous entraîne,
Pourquoi combattre nos desirs ?
Est-il une plus rude peine
Que de resister aux plaisirs.

On entend une Symphonie.

I S S E'.

Mais qu'annoncent ces sons ! quel spectacle s'aprête ?

D O R I S.

Pourquoi feindre de l'ignorer ?
Ces Concerts sont pour vous, c'est la nouvelle Fête
Qu'Hilas vous a fait préparer.

SCENE V.

ISSE', DORIS, HILAS.

*Suite d'Hilas repréſentant les Nereydes, & les Nymphes
de Diane conduites par l'Amour & les Plaiſirs.*

HILAS.

Nymphe, jugez ici de ma flâme fidelle,
Souffrez, que par d'aimables Jeux,
Mon hommage ſe renouvelle ;
Et n'oppoſez point à mes feux
Une indifference éternelle.

ISSE'.

La ſeule indifference aſſûre un ſort heureux.

HILAS.

L'Amour a tout ſoumis à ſes loix ſouveraines,
Il fait ſentir ſes feux dans l'humide ſéjour.
Il bleſſe de ſes traits, il charge de ſes chaînes
La fiere Diane, & ſa Cour.
Mais il n'eſt pas encor content de ſa victoire,
Le cœur d'Iſſé manque à ſa gloire.

Aimez, aimez, ne ſoyez plus rebelle
A de tendres deſirs,
Suivez l'Amour qui vous appelle,
Par la voix des Plaiſirs.

C H OE U R.

Aimez, aimez, ne soyez plus rebelle
A de tendres defirs,
Suivez l'Amour qui vous appelle,
Par la voix des Plaifirs.

On danfe.

C H OE U R.

Au Dieu d'Amour daignez rendre les Armes,
Rien n'eft fi doux que les tendres foupirs.
Pour d'autres cœurs il garde fes allarmes,
Et fes faveurs fuivront tous vos defirs.
Non, non, il faut fe rendre,
C'eft trop attendre,
L'Amour pour vous referve fes Plaifirs.

Deux Nymphes, alternativement avec le Chœur.

Les doux Plaifirs habitent ce Boccage,
Des plus longs jours il nous font des moments.
Les Roffignols par leurs Concerts charmants;
Le bruit des Eaux, le Zephire & l'ombrage,
Tout fert ici l'Amour & les Amants.

H I L A S.

Sans fuccez, belle Iffé, quitterai-je ces lieux ?
Pouvez-vous plus longtems refifter à ma flâme ?
Quoi ! l'Amour a-t'il mis tous fes traits dans vos
yeux ?

N'en

N'en a-t'il point gardé pour soumettre votre ame ?
Vous ne répondez rien ? helas ! quelle rigueur !
Il semble qu'avec ma langueur,
Votre injuste fierté s'augmente.
Ne verrai-je jamais la fin de mon malheur ?
Rendrez-vous chaque jour ma chaîne plus pesante ?
Mais c'est trop vous lasser d'une vaine douleur,
Je vous laisse, Nymphe charmante :
Songez du moins que votre cœur
Ne peut être le prix d'une ardeur plus constante.

ISSE.

Autant que je le puis je resiste aux Amours,
De leurs traits dangereux je redoute l'atteinte :
Heureuse, si ma crainte
M'en défendoit toujours !

LE CHOEUR.

Aimez, aimez, ne soyez plus rebelle
A de tendres desirs :
Suivez l'Amour qui vous appelle
Par la voix des Plaisirs.

Fin du premier Acte.

B

ACTE SECOND.

SCENE PREMIERE.

ISSÉ, DORIS.

ISSÉ.

Amour, laisse mon cœur en paix.
Mille autres se feront un plaisir de se ren-
dre ;
Ne te plais-tu, Cruel, à blesser de tes traits,
Que ceux qui veulent s'en défendre ?
Mille autres se feront un plaisir de se rendre,
Amour, laisse mon cœur en paix.

DORIS.

Je voi Philemon qui s'avance.
Cet aimable Etranger cherche par tout vos yeux ;
Sans doute c'est l'amour qui l'amene en ces lieux.

ISSÉ.

Il faut éviter sa présence.

SCENE II.

ISSE', DORIS, APOLLON, PAN.

APOLLON.

BElle Nymphe, arrêtez. D'où vient cette ri-
gueur ?
  Quelle injuste fierté vous guide ?
Helas ! par vos mépris n'abattez point un cœur
  Qui n'est déja que trop timide.

ISSE'.

De quoi vous plaignez-vous, & pourquoi m'arrêter ?
  Berger, qu'avez-vous à me dire ?

APOLLON.

  Helas ! pouvez-vous en douter ?
  Vous entendez que je soupire.

Vous lisez dans mes yeux le secret de mon cœur,
Je ne puis plus cacher le trouble de mon ame,
  Et mon desordre & ma langueur,
Tout vous fait l'aveu de ma flâme.

Quel silence ? quel trouble ? ah ! vous aimez Hilas ?

ISSE'.

Quand mon cœur l'aimeroit, je n'en rougirois pas.

APOLLON.

Vous l'aimez donc? O Ciel ! quel rigoureux supplice!
En quels maux cet aveu vient-il de me jetter !
Vous l'aimez, ç'en est fait, il faut que je perisse ;
Mes jours ne tenoient plus qu'au plaisir d'en douter.

ISSE.

Que vois-je? à quelle erreur vous laissez-vous séduire?
Non, non, vous n'avez point de Rivaux satisfaits.
Je n'aime point Hilas, c'est en vain qu'il soupire ;
    Non, je ne l'aimerai jamais.
    Ah ! que ne puis-je aussi-bien me défendre
    D'un trait plus doux dont je me sens fraper !
Mais, que dis-je ? je crains de vous en trop appren-
  dre,
Mon funeste secret est prêt à m'échaper.

APOLLON.

Achevez, belle Issé, rendez-vous à mes larmes ;
Bannissez d'un seul mot mes cruelles allarmes.
    Pour qui sont ces tendres soupirs ?
Ah ! ne suspendez plus mes maux ou mes plaisirs.

ISSE.

Cessez, cessez ; une ardeur si pressante,
Je ne veux plus vous écouter.

APOLLON.

Arrêtez, Nymphe trop charmante.

ISSE.

Non, laissez-moi vous éviter.

APOLLON.
Vous me fuyez, & je vous aime.

ISSE'.
Je fuis l'Amour, quand je vous fuis.

APOLLON.
Dissipez le trouble où je suis.

ISSE'.
N'augmentez pas celui qui m'agite moi-même.

APOLLON.
Rendez-vous à mes feux.

ISSE'.
Ne tentez plus mon cœur.

APOLLON.
Pourquoi craindre d'aimer?

ISSE'.
On doit craindre un Vainqueur.

SCENE III.

PAN, DORIS.

PAN.

Ne songez point à m'éviter,
Doris, que leur amour fasse naître le nôtre.
Si vous voulez les imiter,
Mon cœur est prêt, & n'attend que le vôtre.

B iij

D O R I S.

Les Bergers offrent leur cœur
A la premiere Bergere ;
Ce n'eſt pas pour eux une affaire
De riſquer un peu d'ardeur ;
Mais pour nous, le choix d'un Vainqueur
Eſt plus dangereux à faire.

P A N.

Avant de nous mieux engager,
Eſſayez ſi mon cœur accommode le vôtre ;
S'ils ne ſont pas faits l'un pour l'autre,
Il eſt bien aiſé de changer.

D O R I S.

Vous parlez déja d'inconſtance,
C'eſt le moyen de m'allarmer.

P A N.

Par ma ſincerité je veux me faire aimer.
Et je parle comme je penſe.
Je ne réponds jamais aux Belles
De la conſtance de ma foi ;
Mais ceux qui promettroient des ardeurs éternelles
Seroient moins ſinceres que moi,
Et ne ſeroient pas plus fideles.

D O R I S.

L'Amour n'eſt point charmant par de foibles deſirs ;
Vous ignorez le poids de ſes plus douces chaînes.

PAN

Je me prive des grands plaisirs,
Pour m'exempter des grandes peines.

PAN & DORIS.

PAN. Il faut traiter l'amour de jeu,
Autrement il est trop à craindre;
On ne doit point brûler d'un feu
Qu'il soit difficile d'éteindre.

DORIS. Pourquoi traiter l'amour de jeu?
Quels tourmens ses nœuds font-ils craindre!
On ne doit point brûler d'un feu
Qu'il soit trop facile d'éteindre.

PAN

O! vous, qu'on entend chaque jour
Celebrer en ces lieux quelque nouvelle amour
Habitans fortunez de ces charmans Boccages,
Venez prendre part à mon choix,
Et que Doris apprenne par vos voix,
Qu'il n'est d'heureux Amants que les Amants vo-
lages.

S C E N E I V.
PAN, DORIS.

Troupe de Bergers, de Bergeres, & de Paſtres.

CHOEUR.

C Hangeons toujours
Dans nos amours,
Heureux un cœur volage!
Changeons toujours
Dans nos amours,
Nous aurons de beaux jours.
L'Amour veut qu'on s'engage;
Que faire du bel âge,
Sans son secours?

UN BERGER.

Formez les plus doux nœuds,
Aimez sans peine,
Formez les plus doux nœuds,
Vivez heureux.

LE CHOEUR.

Formons les plus doux nœuds,
Aimons sans peine,
Formons les plus doux nœuds,
Vivons heureux.

LE CHOEUR.

Qui souffre trop d'une inhumaine
Doit aussitôt changer;
C'est en brisant sa chaîne
Qu'il faut s'en vanger.

Formez les plus doux nœuds,
Aimez sans peine,
Formez les plus doux nœuds,
Vivez heureux.

LE CHOEUR.

Formons les plus doux nœuds,
Aimons sans peine,
Formons les plus doux nœuds,
Vivons heureux.

LE BERGER.

Vous, jeunes cœurs, qu'Amour entraîne,
Fuyez les pleurs,
Les soins & les langueurs,
Allez où le plaisir vous meine.
Formez les plus doux nœuds,
Aimez sans peine,
Formez les plus doux nœuds,
Vivez heureux.

LE CHOEUR.

Formons, &c.

C

DORIS.

Des Oiseaux de ces lieux charmants
Le tendre Echo redit les chants,
L'aimable Flore,
Y fait éclore
Ses nouveaux présens.

De ces eaux, de ces bois naissans,
Le doux murmure,
Et la verdure
Y charment nos sens.
Tout nous plaît, l'amour suit nos pas,
Ces lieux tranquiles,
Sont les aziles
Des jeux pleins d'appas,
Momens aimables,
Soyez durables,
Ne finissez pas.

Fin du second Acte.

ACTE TROISIÉME.

Le Theatre represente la Forêt de Dodone.

SCENE PREMIERE.

APOLLON, PAN.

APOLLON.

A Nymphe est sensible à mes vœux;
Mais, le dirai-je? & le pourras-tu croire?
Malgré cette douce victoire,
Je ne suis pas encor heureux.

PAN.

Quoi, vous avez flechi l'Objet qui sçait vous plaire,
Et vous osez former d'autres vœux en ce jour!
Apollon croit-il que l'Amour
N'ait que lui seul à satisfaire?

C ij

APOLLON.

Je ne borne point mes defirs
A l'imparfait bonheur d'une flâme vulgaire;
Achéve, achéve, Amour, de combler mes plaifirs;
Tu fçais ce qui te refte à faire.

Et toi, Pan, regarde ces lieux,
Ils doivent diffiper le trouble qui t'étonne.

PAN.

Je voi la fameufe Dodone,
Dont les Chênes myfterieux
Annoncent aux Mortels la volonté des Dieux:
Quel fruit en pouvez-vous attendre?

APOLLON.

Iffé les confulte en ce jour:
Et par l'Oracle qu'ils vont rendre,
Je fçaurai fi fon cœur merite mon amour.
Mais j'apperçois Hilas.

PAN.

Il vient ici fe plaindre.
Laiffons un libre cours à fes juftes douleurs;
C'eft affez de caufer fes pleurs,
Sans vouloir encor les contraindre.

SCENE II.

HILAS.

SOmbres Deferts, témoins de mes triftes re-
    grets,
    Rien ne manque plus à ma peine.
Mes cris ont fait cent fois retentir ces Forêts
    De la froideur d'une Inhumaine :
Helas ! que n'eft-ce encor le fujet qui m'ameine :
L'Ingrate de l'Amour reffent enfin les traits ;
    Un perfide penchant l'entraîne.
Sombres Deferts, témoin de mes triftes regrets,
    Rien ne manque plus à ma peine.

Dieux ! qui l'amene ici ! les Amours font fes guides;
    J'en fens croître mon defefpoir.
Je porte fur fes yeux mille regards timides ;
Ils ont encor fur moi leur rigoureux pouvoir ;
Et tout traîtres qu'ils font, tout ingrats, tout per-
    fides,
    Je me plais encore à les voir.

C iij

SCENE III.

HILAS, ISSE', DORIS.

HILAS.

Cruelle, vous souffrez ici de ma présence;
De mes tendres regards, vous détournez vos
yeux.

ISSE'.

Je ne m'attendois pas de vous voir en ces lieux.

HILAS.

On évite toujours un Amant qu'on offense.

ISSE'.

Je viens ici pour consulter les Dieux,
Ne vous opposez point à mon impatience.

HILAS.

Inhumaine, arrêtez; que craignez-vous ? helas !
Mes soupirs & mes pleurs sont toute ma vangeance.

ISSE'.

Oubliez une Ingrate & ne la pleurez pas.

HILAS.

Qui vous forçoit de l'être à ma perseverance ?

ISSE.

Accufez-en l'Amour qui m'a fait violence.

HILAS.

Non, Cruelle, c'eſt vous qui voulez mon trepas.
   C'eſt votre foible reſiſtance.
Vous bravez la raiſon qui prenoit ma défenſe.

ISSE.

   Quand on ſuit l'amoureuſe Loi,
   Eſt-ce par raiſon qu'on aime ?
   Vous m'aimez malgré vous-même,
   J'en aime un autre malgré moi.
   Quand on ſuit l'amoureuſe Loi,
   Eſt-ce par raiſon qu'on aime ?

HILAS.

C'en eſt donc fait Ingrate ? ô ſort infortuné !
A quels affreux malheurs me vois-je condamné !
   Dieux cruels, Dieux impitoyables ;
   Que ne refuſez-vous le jour
   A tous ceux que l'Amour
   Doit rendre miſerables.

ISSE.

Dans quel cruel chagrin vous laiſſez-vous plonger?

HILAS.

   La pitié que vous voulez feindre
   Ne ſert encor qu'à m'outrager.
   C'eſt une cruauté de plaindre
   Des maux que l'on peut ſoulager.

I S S E',

I S S E'.

Je vois avec douleur le tourment qui vous preſſe;
Un autre ſentiment n'eſt pas en mon pouvoir.

H I L A S.

Ne me plaignez donc point, votre pitié me bleſſe
C'eſt un mépris pour moi, puiſqu'elle eſt ſans ten-
dreſſe.

I S S E'.

Je vais vous épargner le chagrin de la voir.

H I L A S.

Non, non, Ingrate que vous êtes,
Vous n'échaperez point à mes juſtes regrets.
Ne croyez pas que je vous laiſſe en paix
Joüir des maux que vous me faites.
J'aurai du moins, malgré vos mépris odieux,
Le funeſte plaiſir de m'en plaindre à vos yeux.

Il ſuit Iſſé qui va avertir les Miniſtres.

SCENE IV
PAN, DORIS.
PAN.

Doris, je vous cherche en tous lieux,
Sans cesse mon amour accroît sa violence.
Mon cœur trop épris de vos yeux
N'est content qu'en votre presence.

DORIS.

Il sembleroit en ce moment
Que votre amour seroit extrême.
Il s'est augmenté promptement,
Mais il s'affoiblira de même.

PAN.

Ah ! pourquoi prenez-vous cet injuste détour ?
Faut-il dans l'avenir me chercher une offense ?
Ingrate, en voyant mon amour,
Pourquoi prévoir mon inconstance ?

DORIS.

Non, je ne veux jamais partager vos désirs,
Mon cœur craint trop de faire un Infidele.
La peine qui suit les plaisirs
N'en est que plus cruelle.

PAN.

Vous vous consoleriez dans une amour nouvelle
De la perte de mes soupirs.   D

Le moment qui nous engage
Est un agreable moment ;
Mais celui qui nous dégage
Ne laisse pas d'être charmant.
Croyez-moi , bannissez une crainte inquiete,
Doris , laissez-moi vivre heureux sous votre loi.

DORIS.
Voulez-vous que j'accepte une volage foi ,
Moi , qui brûlai toujours d'une flâme parfaite ?

PAN.
Eh-bien , vous ferez avec moi
L'essai d'une douce amourette.
L'amour n'aura pour nous que de charmans appas ,
Nous briserons nos fers quand nous en serons las.

DORIS.
Eh-bien , à votre amour je ne suis plus rebelle ,
Et je consens enfin à m'engager.
Voyons dans notre ardeur nouvelle ,
Si vous m'apprendrez à changer ,
Ou si je vous rendrai fidele.

PAN & DORIS.
Cedons à nos tendres desirs ,
Qu'un heureux penchant nous entraîne ;
Et que l'Amour laisse aux Plaisirs
Le soin de serrer notre chaîne.

PAN.
Mais on vient en ces lieux ; suspendons nos soupirs.

SCENE V.

ISSE', PAN, DORIS, LES PRESTRES ET PRESTRESSES DE DODONE.

LE GRAND-PRESTRE.

Ministres reverez de ces lieux solitaires,
Vous, qu'une sainte ardeur retient en ce sé-
jour,
Commencez avec moi nos augustes Mysteres,
Qu'Issé sçache le sort que lui garde l'Amour.

LE CHOEUR.

Commençons nos Mysteres ;
Qu'Issé sçache le sort que lui garde l'Amour.

LE GRAND-PRESTRE.

Arbres sacrez, Rameaux mysterieux,
Troncs celebres, par qui l'avenir se revele,
Temple, que la Nature éleve jusqu'aux Cieux,
A qui le Printems donne une beauté nouvelle ;
Chênes divins, parlez tous,
Dodone, répondez-nous.

LE CHOEUR.

Chênes divins, parlez tous,
Dodone, répondez-nous.

LE GRAND-PRESTRE.

Mais déja chaque branche agite sa verdure,
Les arbres semblent s'ébranler :
Chaque feüille murmure,
L'Oracle va parler.

L'ORACLE.

Issé doit s'enflâmer de l'ardeur la plus belle.
Apollon veut être aimé d'elle.

ISSE' à part.

O Ciel ! quel Oracle pour moi,
Que d'affreux malheurs je prevoi !

LE GRAND PRESTRE.

Driades & Sylvains, venez lui rendre hommage ;
Honorez Apollon dans celle qui l'engage.

SCENE VI.

ISSE', PAN, DORIS, LES PRESTRES ET PRESTRESSES DE DODONE.

Troupes de Faunes, de Satyres, & de Driades.

LE CHOEUR.

CHantons, chantons Issé, chantons ses traits
vainqueurs ;
Celebrons ses beaux yeux, maîtres de tous les cœurs.

Les Sylvains & les Driades témoignent leur joye
par des Danses & des Chansons.

UNE DRIADE

Ici les tendres Oiseaux
Goûtent cent douceurs secrettes,
Et l'on entend de ces côteaux
Retentir des chansonnettes
Qu'ils apprennent aux Echos.

Sur ce Gazon les Ruisseaux
Murmurent leurs amourettes ;
Et l'on voit jusqu'aux Ormeaux
Pour embrasser les Fleurettes,
Pencher leurs jeunes rameaux.

UNE AUTRE DRIADE à Issé.

Cedez & remportez une douce victoire.
Joignez aux charmes de la gloire
Le plaisir touchant de l'amour.
Rendez votre triomphe aussi doux que durable,
Vous enchaînez le Dieu le plus aimable,
Qu'il vous enchaîne à votre tour.

Fin du troisiéme Acte.

ACTE QUATRIÉME.

Le Theatre represente une Grotte.

SCENE PREMIERE.

I S S E'.

Uneste Amour, ô tendresse inhumaine !
Pourquoi vous inspirois-je au cœur d'un Dieu jaloux ?
    J'aurois mieux aimé son courroux,
    Je craignois cent fois moins sa haine.
    Quel destin pour moi ? quelle peine !

On entend une espece d'Echo qui lui répond.

Qu'entends-je ? quelle voix se mêle à mes sanglots ?
Qui me répond ici ? seroient-ce les Echos ?
Helas ! ne cessez point de partager ma plainte ,
    Plaignez l'état où je me vois ;

Soupirez des tourmens dont je me sens atteinte,
Et gemiſſez du fort qui s'oppoſe à mon choix.

Vainement, Apollon, votre grandeur ſuprême
Fera luire à mes yeux ce qu'elle a de plus doux;

Je ne changerai pas pour vous
Le fidele Berger que j'aime.
Mais quel Concert harmonieux
Vient troubler le ſilence & la paix de ces lieux?

SCENE II.

ISSE'.

LE SOMMEIL *accompagné des Songes, de Zephirs*
& de Nymphes.

CHOEUR.

BElle Iſſé, ſuſpendez vos plaintes;
Goûtez les charmes du repos.
Le Sommeil, pour calmer vos craintes,
Vous offre ſes plus doux pavots.

ISSE'.

Qui vous intereſſe à ma peine?
Apprenez-moi du moins quel ordre vous ameine.
Quel Dieu propice eſt touché de mes maux.

CHOEUR.

Belle Iſſé, &c.

I S S E'.

C'en est fait ; le repos va suspendre mes larmes.
En vain la douleur que je sens
Veut me défendre de ses charmes.
Le sommeil malgré moi s'empare de mes sens.

LE SOMMEIL.

Songes, pour Apollon, signalez votre zele,
Il veut de cette Nymphe, éprouver tout l'amour.
Tracez à ses esprits une image fidele
De la gloire du Dieu du jour.

SCENE III.

ISSE' *endormie*, HILAS.

HILAS.

QUe vois-je! c'est Issé qui repose en ces lieux!
J'y venois pour plaindre ma peine :
Mais mes cris troubleroient son repos precieux ;
Renfermons dans mon cœur une tristesse vaine.

Vous Ruisseaux amoureux de cette aimable Plaine,
Coulez si lentement, & murmurez si bas,
Qu'Issé ne vous entende pas.

Zephirs, remplissez l'air d'une fraîcheur nouvelle,
Et vous Echos, dormez comme elle.

Que d'attraits ! que d'appas ! contentez-vous mes
yeux ,
                                        Parcourez

Parcourez tous ſes charmes,
Payez-vous, s'il ſe peut, des larmes
Que vous avez verſé pour eux.

I S S E' *ſe réveillant.*

Qu'ai-je penſé ! quel ſonge eſt venu me ſeduire ?
J'ai crû voir Apollon quitter les Cieux pour moi ;
Je me trouvois ſenſible à l'ardeur qui l'inſpire ;
Un mutuel amour engageoit notre foi.
Helas ! cher Philemon, pour qui ſeul je ſoupire,
Ne me reprochez point ces Songes impuiſſans,
Mon cœur n'a point de part à l'erreur de mes ſens.

H I L A S.

Ciel ! qu'entends-je, & le puis-je croire ?
Quoi ! le tendre Apollon qui veut vous engager,
Ne peut à mon Rival arracher la victoire ?
Quand vous charmez un Dieu vous aimez un Ber-
ger ?
Et j'ai contre ma flâme & l'amour & la gloire.
C'en eſt trop. Il faut fuir vos funeſtes attraits.
Je vais traîner ailleurs une mourante vie.
L'Amour ne m'offre ici que de cruels objets.
Vos feux, mon deſeſpoir, ma conſtance trahie,
Cruelle, tout m'engage à ne vous voir jamais.

I S S E'.

Que je plains les malheurs dont ſa flâme eſt ſuivie!

E

SCENE IV.

ISSE', PAN.

PAN.

PHilemon, belle Issé, souffre un sort rigoureux,
L'Oracle l'étonne & l'allarme.
Il craint qu'infidelle à ses vœux,
Ce qui l'afflige ne vous charme.

ISSE.

Où pourrai-je le rencontrer ?
Je brûle de détruire un soupçon qui m'outrage.

PAN.

Je l'ai laissé dans le prochain Boccage.

ISSE.

Vole, Amour, sui mes pas, & vien le rassurer.

Fin du quatriéme Acte.

ACTE CINQUIÈME.

Le Theatre represente une Solitude.

SCENE PREMIERE.
DORIS.

Hantez Oiseaux, chantez ; que votre sort
  est doux !
Vous ne brûlez jamais que d'ardeurs mu-
  tuelles :
Vous êtes amoureux & n'êtes point jaloux.
Chantez Oiseaux, chantez ; que votre sort est doux !
Le seul plaisir vous rend fideles ,
On n'est heureux , qu'en aimant comme vous.
Chantez Oiseaux, chantez ; que votre sort est doux !

E ij

SCENE II.
PAN, DORIS.
PAN.

Quel sujet a conduit Doris en ce Boccage?

DORIS.

J'y viens rêver à votre humeur volage,
Vous vous laſſez bientôt d'être dans mes liens;
Un nouvel Objet vous engage,
Et vous cherchez déja d'autres yeux que les miens.

PAN.

Surquoi prenez-vous ces allarmes?

DORIS.

Non, je n'en doute point, vous aimez d'autres
charmes.
Je vous ai vû ſuivre les pas
De la jeune Temire :
Si vous la trouviez ſans appas,
Qu'aviez-vous à lui dire?

PAN.

Je lui diſois que pour nous aimer bien,
Il faut banir le reproche & la crainte.
Un cœur jaloux n'eſt pas fait pour le mien,
Et je veux aimer ſans contrainte.

Mais vous qui vous troublez par d'injustes soucis,
Que disiez-vous au jeune Iphis ?

DORIS

Je lui disois qu'un cœur volage
Ne pourra jamais m'engager :
Hé ! que ferois-je d'un Berger ,
De qui la flâme se partage ?

PAN

Vous m'avez entendu , Doris , je vous entends.
Eh-bien , n'affectons point une constance vaine.
Nos cœurs ne sont pas faits pour une même chaîne;
Choisissons d'autres fers, dont ils soient plus contents.

ENSEMBLE

Nos cœurs ne sont pas faits pour une même chaîne ;
Choisissons d'autres fers, dont ils soient plus contents.

PAN

Heureuse mille fois , heureuse l'inconstance !
Le plus charmant amour
Est celui qui commence
Et finit en un jour.
Heureuse mille fois , heureuse l'inconstance !
Mais j'apperçoi la Nymphe, & Philemon s'avance.

SCENE III.

APOLLON, ISSE', PAN, DORIS.
APOLLON.

Non, je ne puis me raſſurer ;
Par vos ſermens & par vos larmes
Vous tâchez vainement de bannir mes allarmes :
Non, je ne ſçaurois eſperer
Que vous vouliez me préferer
Au Dieu puiſſant qui ſe rend à vos charmes.

ISSE'.

Croirai-je, Ingrat, que vous m'aimez,
Si vous refuſez de me croire ?

APOLLON.

Les nœuds que l'Amour à formez
Vont être briſez par la Gloire.
Pardonnez mes tranſports jaloux ;
J'ai tout à redouter, puiſqu'elle eſt ma Rivale.

ISSE'.

Je ne la connois point cette gloire fatale,
Mon cœur ne reconnoît que vous.
Je le diſois à cette Solitude,
Elle ſçait mes tourmens ſecrets ;
Que ne peut-elle, helas ! repeter mes regrets,
Pour vous tirer d'inquietude !

ISSE' & APOLLON.

C'eſt moi qui vous aime
Le plus tendrement.
Si vous m'aimiez de même,
Mon ſort ſeroit charmant.
C'eſt moi qui vous aime
Le plus tendrement.

APOLLON.

Non , non , vous m'oublirez pour la grandeur ſuprême.

ISSE'.

Que vos ſoupçons me font ſouffrir.
Ciel ! ne puis-je vous en guerir ?

Apollon , en ces lieux hâtez-vous de paroître :
Par des attraits pompeux , tâchez de m'attendrir.
Ce Berger de mon cœur ſera toujours le maître ,
Et les vœux éclatants que vous viendrez m'offrir.
Ne ſerviront….. helas ! qu'oſai-je dire !
Mes tranſports indiſcrets preſſent votre malheur.
Ce Dieu qu'un vain amour inſpire
Se vangera ſur vous du refus de mon cœur.
Mais que vois-je ? quelle Puiſſance
En un Palais ſuperbe , a changé ce ſéjour ?

*Le Theatre change & repreſente un Palais magnifique :
On voit les Heures qui deſcendent du Ciel ſur des nuages.*

ISSE,

APOLLON.

Je vois les Heures, leur présence
Nous annonce le Dieu du jour.

ISSE.

Ah fuyons, cher Amant, qui pourroit nous défendre
De la fureur d'un Dieu jaloux ?

APOLLON.

Non, je veux le flechir ou mourir sous ses coups.

ISSE.

A quel frivole espoir vous laissez-vous surprendre ?
Fuyons, dérobons-nous tous deux à son couroux.

APOLLON.

Nos pleurs l'attendriront.

ISSE.

Je tremble, je frissonne.

APOLLON.

Croyez-en mon espoir, plûtôt que votre effroi.

ISSE.

Ingrat, veux-tu perir ?

APOLLON.

Que rien ne vous étonne.

ISSE.

Ote-moi donc l'amour dont je brûle pour toi.

Je ne me connois plus, la raison m'abandonne,

Joüi, Cruel, joüi du trouble où je me vois ;

Un desespoir affreux de mes esprits s'empare.

Ciel ? où suis-je ? que vois-je ! arrêtez Dieu barbare.

Où portez-vous votre injuste fureur ?

Epargnez mon Amant, percez plûtôt mon cœur….

APOLLON.

APOLLON.

Ah ! je suis Apollon.

ISSE.

Vous ?

APOLLON.

Nymphe trop fidélle,
Issé , pardonnez-moi cette épreuve cruelle.

ISSE.

Vous, Apollon ? malgré les maux que j'ai soufferts,
Si vous m'en aimez mieux; que ces maux me font
chers !

ENSEMBLE.

Quel triomphe ! quelle victoire !

L'Amour met sous mes loix { le Dieu } le plus charmant.
{ l'Objet }

Que nos cœurs à jamais se disputent la gloire
De s'aimer le plus tendrement.
Quel triomphe ! quelle victoire !

APOLLON.

Heures , marquez l'instant de ma felicité.
Vous Mortels , accourez , celebrez la Beauté
La plus tendre & la plus fidele.
L'Amour forme pour nous une chaîne éternelle.
Venez , applaudissez à mes heureux soupirs,
Pour prix de mes bienfaits, celebrez mes plaisirs.

SCENE DERNIERE.

APOLLON, ISSE', PAN, DORIS.

*Troupes d'Européens, d'Européennes, de Chinois,
d'Ameriquains, d'Ameriquaines, d'Egyptiens,
& d'Egyptiennes.*

CHOEUR.

Que tes plaisirs sont doux ! que ta gloire est
extrême !
Que ta felicité dure autant que toi-même.

Une EUROPE'ENNE *alternativement avec le Chœur.*

Ah ! que d'attraits suivront votre tendresse !
Que de plaisirs naîtront de vos amours !

Aimez sans cesse,
Tout vous en presse ;
Que vos feux redoublent toujours !
Aimez sans cesse,
Sans amours,
Est-il de beaux jours ?

UN AMERIQUAIN.

Peut-on jamais
Braver l'Amour & sa puissance ?
Peut-on jamais
Vaincre l'Amour & ses attraits ?

Quels lieux un cœur peut-il chercher pour sa dé-
fense
Nous le fuyons dans les Forêts ,
Il nous y suit avec ses traits.
Suivons ses vœux , dequoi nous sert la resistance ?
Il sçait porter des coups certains ,
Le sort des cœurs est dans ses mains.

CHOEUR.

Que tes plaisirs sont doux ! que ta gloire est extrême !
Que ta felicité dure autant que toi-même.

Fin du cinquiéme & dernier Acte.

De l'Imprimerie de JEAN-BAPTISTE LAMESLE,
rue du Foin, à la Minerve. 1718.

PRIVILEGE DU ROY.

LOUIS par la grace de Dieu Roi de France & de Navarre: A nos amés & feaux Conseillers les gens tenans nos Cours de Parlement, Maîtres des Requêtes ordinaires de notre Hôtel, Grand Conseil, Prevôt de Paris, Baillifs, Senechaux, leurs Lieutenans Civils, & autres nos Justiciers qu'il appartiendra, Salut. Les Sieurs Besnier Avocat en Parlement, Chomat, Duchesne, & de la Val de S. Pont, Bourgeois de notre bonne ville de Paris, Nous ont fait remontrer, qu'en consequence de l'Arrêt de notre Conseil du 12. Decembre 1712. du Traité fait entre eux & les Sieurs de Francine & Dumont le 24. desd. mois & an, & de nos Lettres Patentes du 8. Janvier ensuivant, confirmatives du Traité, ils auroient acquis le Privilege de faire representer les Opera durant le tems de vingt années, à compter du 20. Aout 1712. ainsi que le Privilege de la vente des paroles desd. Opera, lesquelles ils desireroient faire imprimer pour les donner au Public, s'il Nous plaisoit leur accorder nos Lettres de Privilege sur ce necessaires. A CES CAUSES desirant favorablement traiter les Exposans, attendu les charges dont l'Académie Royale de Musique se trouve oberée, & les grandes depens qu'il convient de faire tant pour l'impression que pour la gravure en taille-douce des planches dont ce Livre sera orné, Nous leur avons permis & permettons par ces Presentes de faire imprimer & graver les Paroles & la Musique, de tous lesd. Opera qui ont été ou qui seront représentées par l'Académie Royale de Musique, tant separément que conjointement, en telle forme, marge, caractere, nombre de volumes & de fois que bon leur semblera, & de les faire vendre & debiter par tout notre Royaume pendant le tems de dix-neuf années consecutives, à compter du jour de la datte desdites Presentes. Faisons defenses à toutes personnes, de quelque qualité & condition qu'elles puissent être, d'en introduire d'impression étrangere dans aucun lieu de notre obeissance, & à tous Imprimeurs, Libraires, Graveurs, & autres, d'imprimer, faire imprimer, vendre, faire vendre, debiter, ni contrefaire lesdites impressions, planches & figures, en tout ni en partie, sans la permission expresse & par écrit desd. Sieurs Exposans, ou de ceux qui auroient droit d'eux, à peine de confiscation des exemplaires contrefaits, de six mille liv. d'amende contre chacun des contrevenans, dont un tiers à nous, un tiers à l'Hôtel-Dieu de Paris, l'autre tiers ausdits Sieurs Exposans, & de tous dépens, dommages & interêts, à la charge que ces Presentes seront enregistrées tout au long sur le Registre de la Communauté des Imprimeurs & Libraires de Paris, & ce dans trois mois de la datte d'icelles, que la gravure & impression desdits Opera sera faite dans notre Royaume & non ailleurs, en bon papier & en beaux caracteres, conformément aux Reglemens de la Librairie, & qu'avant de les exposer en vente il en sera mis deux Exemplaires dans notre Bibliotheque publique, un dans celle de notre Château du Louvre, & l'autre dans celle de notre très-cher & feal Chevalier Chancelier de France le Sieur Phelypeaux Comte de Pontchartrain, Commandeur de nos Ordres, le tout à peine de nullité des Presentes : du contenu desquelles vous mandons & enjoignons de faire jouïr lesd. Sieurs Exposans, ou leurs ayans cause, pleinement & paisiblement, sans souffrir qu'il leur soit fait aucun trouble ou empêchement. Voulons que la copie desdites Presentes, qui sera imprimée au commencement ou à la fin desd. Opera, soit tenuë pour duëment signifiée, & qu'aux copies collationnées par l'un de nos amés & feaux Conseillers & Secretaires foit soit ajoûtée comme à l'Original. Commandons au premier notre Huissier ou Sergent de faire pour l'execution d'icelles tous actes requis & necessaires ; sans demander autre permission, & nonobstant Clameur de Haro, Charte Normande, & Lettres à ce contraires: Car tel est notre plaisir. Donné à Versailles le 20. jour d'Août l'an de Grace 1713. & de notre Regne le soixante-onziéme. Par le Roi en son Conseil. Signé BESNIER avec paraphe, & scellé.

Nous avons cedé à M. Ribou le present Privilege suivant le Traité fait avec lui le 17. Juillet dernier 1713. A Paris le 22. Août 1713. Signé, BESNIER.

Registré sur le Registre avec la Cession n. 3. de la Communauté des Libraires & Imprimeurs de Paris, page 648. n. 731. conformément aux Reglemens, & notamment à l'Arrêt du Aoust 1703. Fait à Paris ce 11. Septembre 1713. L. JOSSE, Syndic.